Impressum
Verlag: BABADADA GmbH, Nedderfeld 112 , 22529 Hamburg
Geschäftsführer / Verlagsleitung: Harald Hof
Druck: Books on Demand GmbH, In de Tarpen 42, 22848 Norderstedt

Imprint
Publisher: BABADADA GmbH, Nedderfeld 112 , 22529 Hamburg, Germany
Managing Director / Publishing direction: Harald Hof
Print: Books on Demand GmbH, In de Tarpen 42, 22848 Norderstedt

դպրոց

school

բաժանել
delen
186/2
գրատախտա
կ
bord
ուսուցիչ
leerkracht
մատյան
klaslokaal
խաղադաշտ
speelplaats
թուղթ
papier
գրել
schrijven
գրիչ
pen
գրասեղան
bureau
քանոն
liniaal
գիրք
boek
աշակերտ
leerling

պայուսակ

schooltas

գրչատուփ

pennenzak

մատիտ

potlood

մատիտի սրիչ

puntenslijper

ռետին

gom

նկարչական ալբոմ

tekenblok

նկարչություն
tekening

վրձին
verfborstel

ներկերի տուփ
verfdoos

մկրատ
schaar

սոսինձ
lijm

տետր
werkboek

Տնային աշխատանք
huiswerk

12

թիվ
nummer

2+2

գումարել
optellen

5-2

հանել
aftrekken

2×2

բազմապատկել
vermenigvuldigen

հաշվել
rekenen

A

տառ
letter

ABCDEFG
HIJKLMN
OPQRSTU
VWXYZ

այբուբեն
alfabet

hello

բառ
woord

տեքստ

tekst

կարդալ

Lezen

կավիճ

krijt

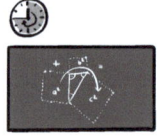

դաս

les

մատյան

klassenboek

քննություն

examen

վկայական

certificaat

դպրոցական համազգեստ

schooluniform

կրթություն

onderwijs

հանրագիտարան

encyclopedie

համալսարան

universiteit

մանրադիտակ

microscoop

քարտեզ

kaart

աղբարկղ

papiermand

ճանապարհորդություն

reis

հյուրանոց
hotel
հանրակացարա
ն
jeugdherberg
փոխանակման
կետ
wisselkantoor
ճամպրուկ
koffer
ավտոմեքենա
auto

լեզու

Taal

այո / ոչ

ja / nee

Լավ

oké

ողջույն

hallo

թարգմանիչ

vertaler

Շնորհակալություն

bedankt

Որքան է ...?

Hoeveel kost …?

Ես չեմ հասկանում

Ik begrijp het niet

խնդիր

probleem

Բարի երեկո

Goedenavond!

Բարի լույս

Goedemorgen!

Բարի երեկո

Goedenavond!

ցտեսություն

Tot ziens

ուղղություն

richting

ուղղեբեռ

bagage

պայուսակ

zak

մեջքի պայուսակ

rugzak

հյուր

gast

սենյակ

kamer

քնապարկ

slaapzak

վրան

tent

Զբոսաշրջության
տեղեկատվական
toeristeninformatie

լողափ
strand

ԿՐԵԴԻՏ քարտ
kredietkaart

նախաճաշ
ontbijt

լանչ
lunch

ճաշ
avondeten

տոմս
ticket

վերելակ
lift

կնիք
postzegel

սահման
grens

մաքսային
douane

դեսպանություն
ambassade

մուտքի արտոնագիր
visum

անձնագիր
paspoort

Փոխադրամիջոցներ
transport

նավ
schip
ինքնաթիռ
vliegtuig
հրշեջ մեքենա
brandweerwagen
ավտոբու
bus
բեռնատար մեքենա
vrachtwagen
մոտորանավակ
motorboot
ավտոմեքենա
auto
հեծանիվ
fiets

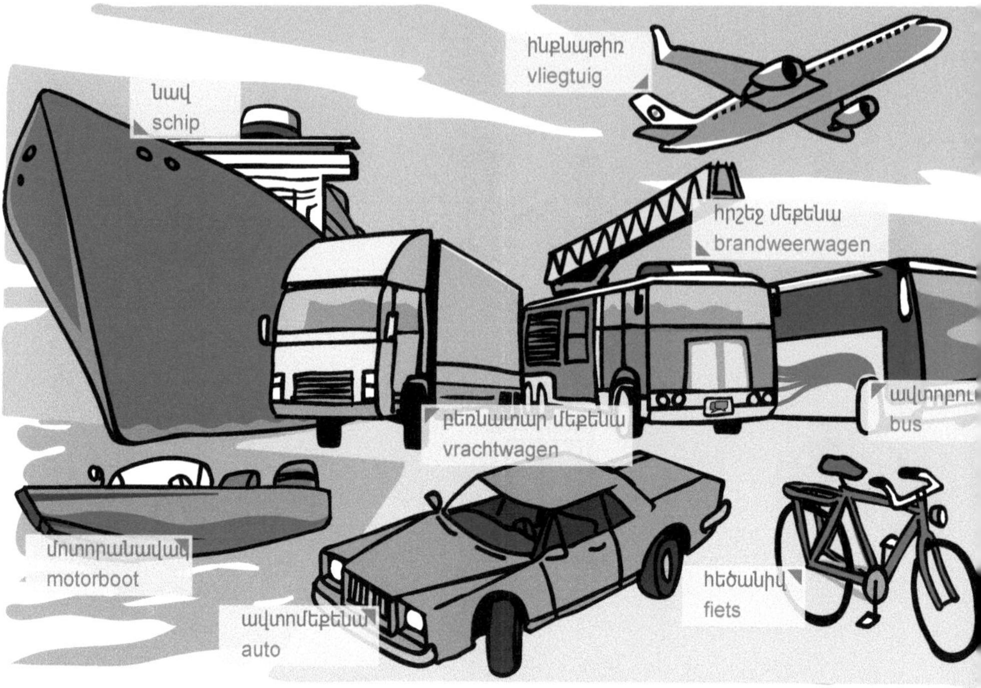

լաստանավ

veerboot

նավակ

boot

մոտոցիկլ

motor

ոստիկանության մեքենա

politiewagen

մրցարշավային մեքենա

racewagen

վարձակալվող մեքենա

huurauto

քենայի վարձակալում

carpoolen

էվակուատոր

sleepwagen

աղբահանության մեքենա

vuilniswagen

շարժիչ

motor

վառելիք

benzine

բենզալցակայան

benzinestation

երթևեկության նշան

verkeersbord

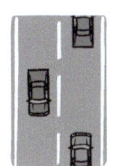

երթևեկություն

verkeer

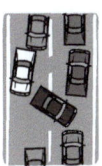

խցանում

file

ավտոկանգառ

parkeerplaats

երկաթուղային կայարան

station

երկաթուղագիծ

sporen

գնացք

trein

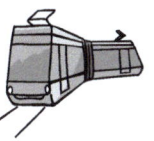

տրամվայ

tram

վագոն

wagon

ուղղաթիռ

helikopter

օդանավակայան

luchthaven

աշտարակ

toren

ուղեւոր

passagier

աման

container

խավաքարտ

karton

սայլ

kar

զամբյուղ

mand

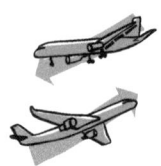

հանեք / հողատարածք

opstijgen / landen

քաղաք

stad

գյուղ

dorp

քաղաքի կենտրոնում

stadscentrum

տուն

huis

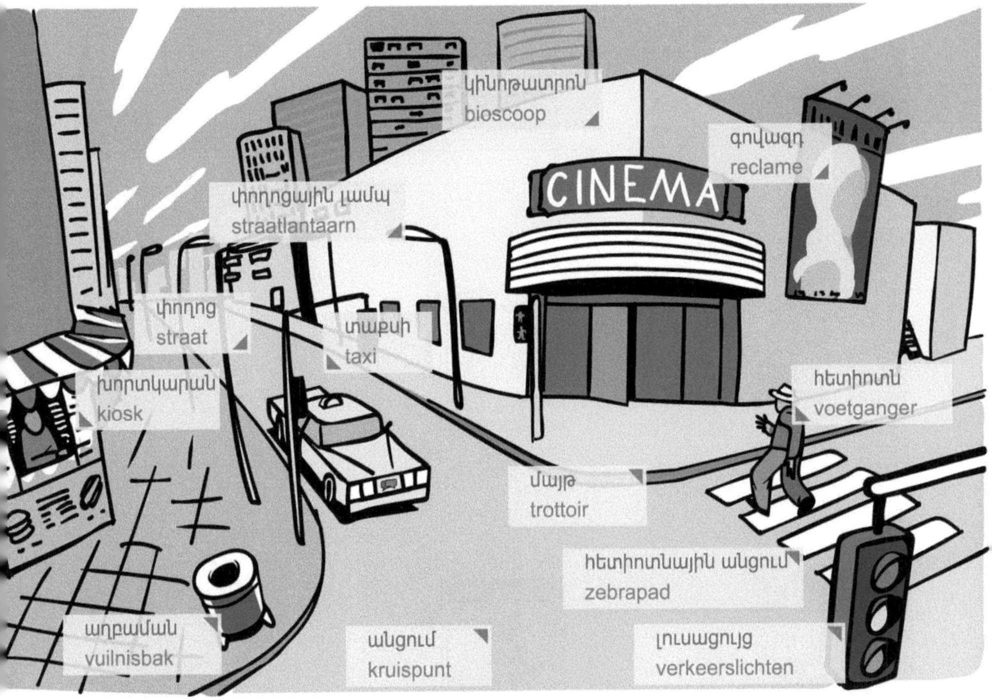

կինոթատրոն
bioscoop
CINEMA
գովազդ
reclame
փողոցային լամպ
straatlantaarn
փողոց
straat
տաքսի
taxi
խորտկարան
kiosk
հետիոտն
voetganger
մայթ
trottoir
հետիոտնային անցում
zebrapad
աղբաման
vuilnisbak
անցում
kruispunt
լուսացույց
verkeerslichten

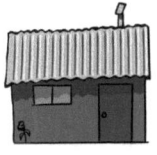

խրճիթ

hut

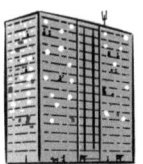

բնակարան

woning

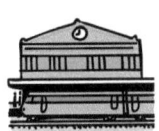

երկաթուղային կայարան

station

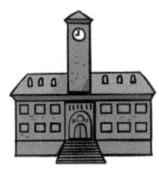

քաղաքապետարան

stadshuis

MUSEUM

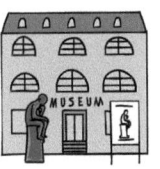

թանգարան

museum

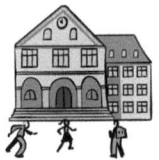

դպրոց

school

համալսարան

universiteit

բանկ

bank

հիվանդանոց

ziekenhuis

հյուրանոց

hotel

դեղատուն

apotheek

գրասենյակ

kantoor

գրքույկ խանութ

boekwinkel

խանութ

winkel

ծաղկի խանութ

bloemenwinkel

սուպերմարկետ

supermarkt

շուկա

markt

հանրախանութ

warenhuis

ձկան խանութ

vishandelaar

առևտրի կենտրոն

winkelcentrum

նավահանգիստ

haven

զբոսայգի

park

բանկերը

bank

կամուրջ

brug

աստիճաններ

trap

մետրո

metro

թունել

tunnel

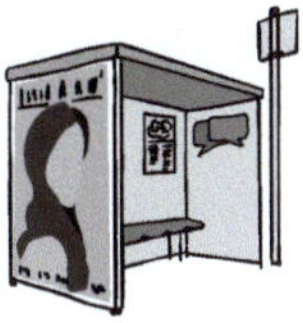

ավտոբուսի կանգառ

bushalte

բար

bar

ռեստորան

restaurant

փոստարկղ

brievenbus

փողոցային նշան

straatnaambord

ավտոկայանման հաշվիչ

parkeermeter

նդանաբանական այգի

zoo

լողավազան

zwembad

մզկիթ

moskee

ֆերմա

boerderij

աղտոտման

milieuverontreiniging

գերեզմանոց

kerkhof

եկեղեցի

kerk

խաղահրապարակ

speelplaats

տաճար

tempel

բնապատկեր
landschap

blad
ուղղության նշան
wegwijzer
ճանապարհ
weg
մարգագետին
weide
steen
արշավականներ
wandelaar
ծառ
boom
գետ
rivier
խոտ
gras
ծաղիկ
bloem

հովիտ
vallei

բլուր
heuvel

լիճ
meer

անտառ
bos

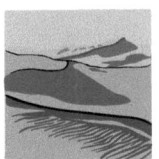

անապատ
woestijn

հրաբուխ
vulkaan

ամրոց
kasteel

ծիածան
regenboog

սունկ
paddenstoel

արմավենու ծառ
palmboom

մժեղ
mug

թռչել
vlieg

մրջյուն
mier

մեղու
bijl

սարդ
spin

բզեզ

kever

գորտ

kikker

սկյուռ

eekhoorn

ոզնի

egel

նապաստակ

haas

բու

uil

թռչուն

vogel

կարապ

zwaan

վարազ

wild zwijn

եղջերու

hert

իշայծյամ

eland

պատնեշ

dam

քամին տուրբինների

windturbine

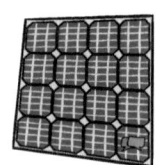

արեւային վահանակ

zonnepaneel

կլիմա

klimaat

ռեստորան
restaurant

մատուցող
ober
մենյու
menu
աթոռ
stoel
ապուր
soep
պիցցա
pizza
սպասք
bestek
սփռոց
tafelkleed

ստարտեր
voorgerecht

հիմնական կերակուր
hoofdgerecht

դեսերտ
nagerecht

օրական
drankjes

սնունդ
eten

շիշ
fles

արագ սնունդ

fastfood

streetfood

street food

թեյնիկ

theepot

շաքարաման

suikerpot

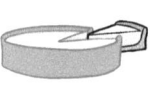

բաժին

portie

էսպրեսսո մեքենա

espressomachine

մանկական աթոռ

kinderstoel

օրինագիծ

rekening

սկուտեղ

dienblad

դանակ

mes

պատառաքաղ

vork

գդալ

lepel

թեյի գդալ

theelepel

անձեռոցիկ

serviette

ապակի

glas

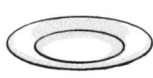

ափսե
....
bord

խոր ափսե
....
soepbord

պնակ
....
schoteltje

սոուս
....
saus

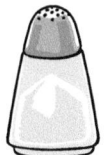

աղաման
....
zoutvatje

պղպեղի աղաց
....
pepermolen

քացախ
....
azijn

ձեթ
....
olie

համեմունքներ
....
kruiden

կետչուպ
....
ketchup

մանանեխ
....
mosterd

մայոնեզ
....
mayonaise

սուպերմարկետ
supermarkt

հատուկ առաջարկ
aanbieding
FOR
հաճախորդ
klant
Dairy
zuivelproducten
միրգ
fruit
գնումների սայլակ
winkelwagen

մսամթերքի խանութ
....
slagerij

հացամթերքի խանութ
....
bakkerij

կշռել
....
wegen

բանջարեղեն
....
groenten

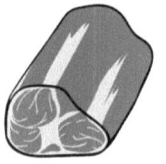

միս
....
vlees

սառեցված սննդամթերքի
....
diepvriesvoedsel

երշիկեղեն

charcuterie

պահածոների

conserven

լվացքի փոշի

waspoeder

քաղցրավենիք

snoep

տնտեսական ապրանքներ

huishoudproducten

մաքրող միջոցներ

schoonmaakproducten

վաճառող

verkoopster

դրամարկղ

kassa

գանձապահ

kassier

գնումների ցուցակ

boodschappenlijstje

ժամերը

openingstijden

դրամապանակ

portefeuille

ԿՐԵԴԻՏ քարտ

kredietkaart

պայուսակ

tas

պլաստիկ տոպրակ

plastieken zakje

օրական
drankjes

ջուր

water

հյութ

sap

կաթ

melk

կոլա

cola

գինի

wijn

գարեջուր

bier

սպիրտ

alcohol

կակաո

cacao

թեյ

thee

սուրճ

koffie

էսպրեսսո

espresso

կապուչինո

cappuccino

բանան

banaan

խնձոր

appel

նարնջի

sinaasappel

սեխ

meloen

կիտրոն

citroen

գազար

wortel

սխտոր

knoflook

բամբուկ

bamboe

սոխ

ajuin

սունկ

champignon

ընկուզեղեն

noten

արիշտա

noodles

սպագետտի

spaghetti

բրինձ

rijst

աղցան

salade

չիպս

frieten

տապակած կարտոֆիլ

gebakken aardappelen

պիցցա

pizza

համբուրգեր

hamburger

սենդվիչ

sandwich

կոտլետ

kalfslapje

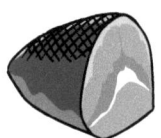

խոզապուխտ

ham

սալյամի

salami

երշիկ

worst

հավ

kip

խորոված

braden

ձուկ

vis

վարսակի փաթիլներ
havervlokken

մյուսլի
muesli

եգիպտացորենի փաթիլներ
cornflakes

ալյուր
bloem

կրուասան
croissant

բուլկի
pistolet

հաց
brood

տոստ
toast

թխվածքաբլիթներ
koekjes

կարագ
boter

կաթնաշոռ
kwark

տորթ
taart

ձու
ei

տապակած ձու
spiegelei

պանիր
kaas

պաղպաղակ

ijs

շաքար

suiker

մեղր

honing

ջեմ

confituur

նուգա սերուցք

choco

կարրի

curry

ֆերմա
boerderij

ծղոտի դեզ
strobaal
գոմ
schuur
դաշտ
veld
ձի
paard
կցասայլ
aanhangwagen
տրակտոր
tractor
քուռակ
veulen
ավանակ
ezel
ոչխար
schaap
գառ
lam

այծ

geit

կով

koe

հորթ

kalf

խոզ

varken

խոճկոր

biggetje

ցուլ

stier

սագ
gans

բադ
eend

ճուտ
kuiken

հավ
kip

աքլոր
haan

առնետ
rat

կատու
kat

մուկ
muis

ցուլ
os

շուն
hond

շան բուն
hondenhok

այգու փողրակ
tuinslang

watering կարող է
gieter

գերանդի
zeis

գութան
ploeg

մանգաղ

sikkel

թոխր

schoffel

եղան

hooivork

կացին

bijl

միանիվ ձեռնասայլակ

kruiwagen

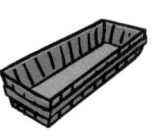

կերակրատաշտ

trog

կաթի բիդոն

melkkan

պարկ

zak

ցանկապատ

hek

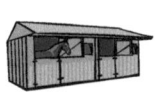

կայուն

stal

ջերմոց

broeikas

հող

bodem

սերմ

zaad

պարարտանյութ

mest

բերքահավաք կոմբայն

maaidorser

բերք

oogsten

բերք

oogst

յամս

yam

ցորեն

tarwe

սոյա

soja

կարտոֆիլ

aardappel

եգիպտացորեն

maïs

rapeseed

koolzaad

մրգային ծառ

fruitboom

manioc

maniok

շիլաներ

graan

տուն
huis

ծխնելույզ
schoorsteen
տանիք
dak
ջրհորդան խողովակ
regenpijp
պատուհան
raam
ավտոտնակ
garage
դռան զանգ
deurbel
դուռ
deur
աղբարկղ
vuilnisbak
փոստարկղ
brievenbus
պարտեզ
tuin

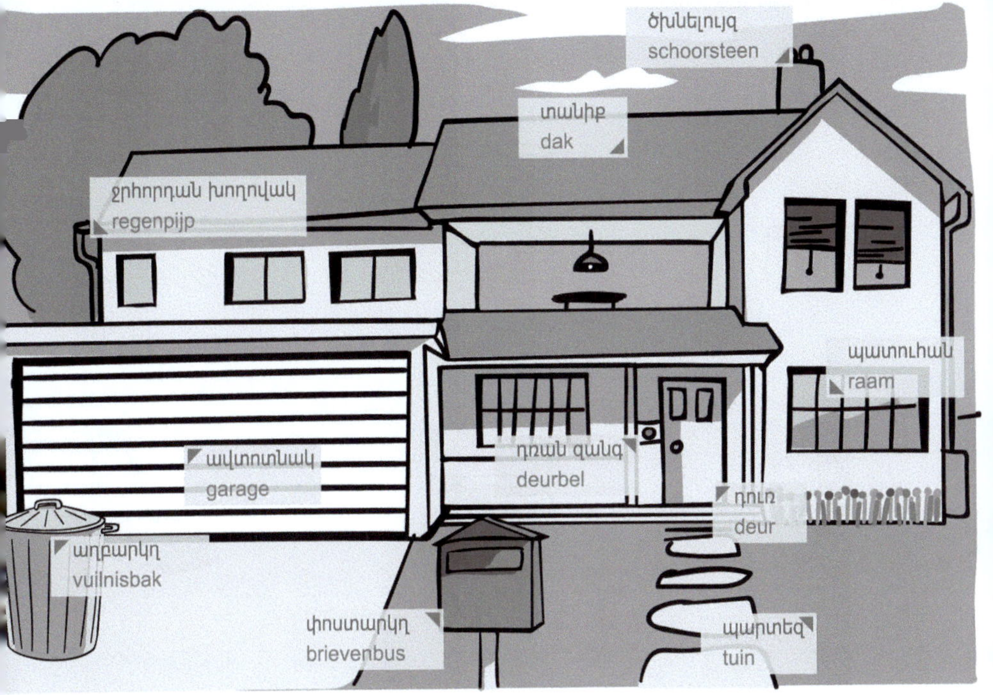

հյուրասենյակ

woonkamer

լողասենյակ

badkamer

խոհանոց

keuken

ննջարան

slaapkamer

մանկական սենյակ

kinderkamer

ճաշասենյակ

eetkamer

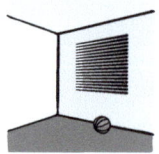

հարկ

vloer

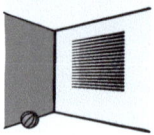

պատ

muur

առաստաղ

plafond

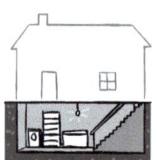

նկուղ

kelder

շոգեբաղնիք

sauna

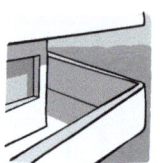

պատշգամբ

balkon

պատշգամբ

terras

ավազան

zwembad

խոտհնձիչ

grasmaaier

թերթ

dekbedovertrek

անկողնու ծածկոց

dekbed

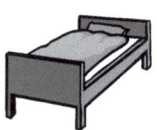

մահճակալ

bed

ավել

bezem

դույլ

emmer

անջատիչ

schakelaar

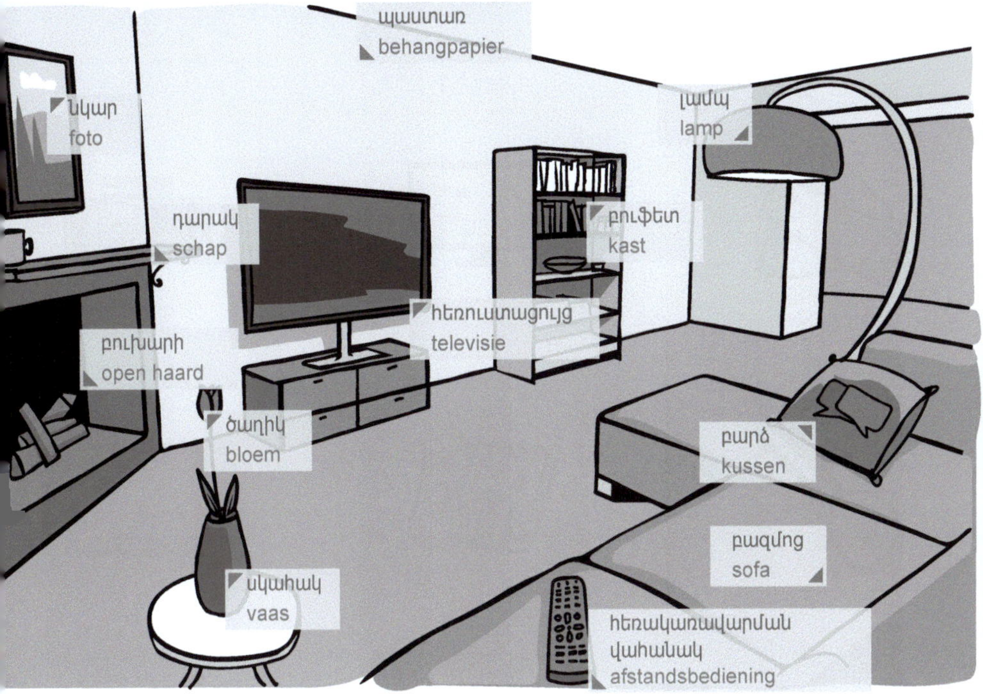

պաստառ
behangpapier

նկար
foto

լամպ
lamp

դարակ
schap

բուֆետ
kast

հեռուստացույց
televisie

բուխարի
open haard

ծաղիկ
bloem

բարձ
kussen

բազմոց
sofa

սկահակ
vaas

հեռակառավարման վահանակ
afstandsbediening

գորգ

mat

վարագույր

gordijn

սեղան

tafel

աթոռ

stoel

ճոճվող բազկաթոռ

schommelstoel

բազկաթոռ

fauteuil

գիրք
boek

վերմակ
deken

զարդարանք
decoratie

վառելափայտ
brandhout

ֆիլմ
film

hi-fi
stereo-installatie

բանալի
sleutel

թերթ
krant

նկար
schilderij

պլակատ
poster

ռադիո
radio

տետր
notitieboekje

փոշեկուլ
stofzuiger

կակտուս
cactus

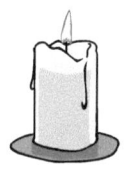

մոմ
kaars

խոհանոց

keuken

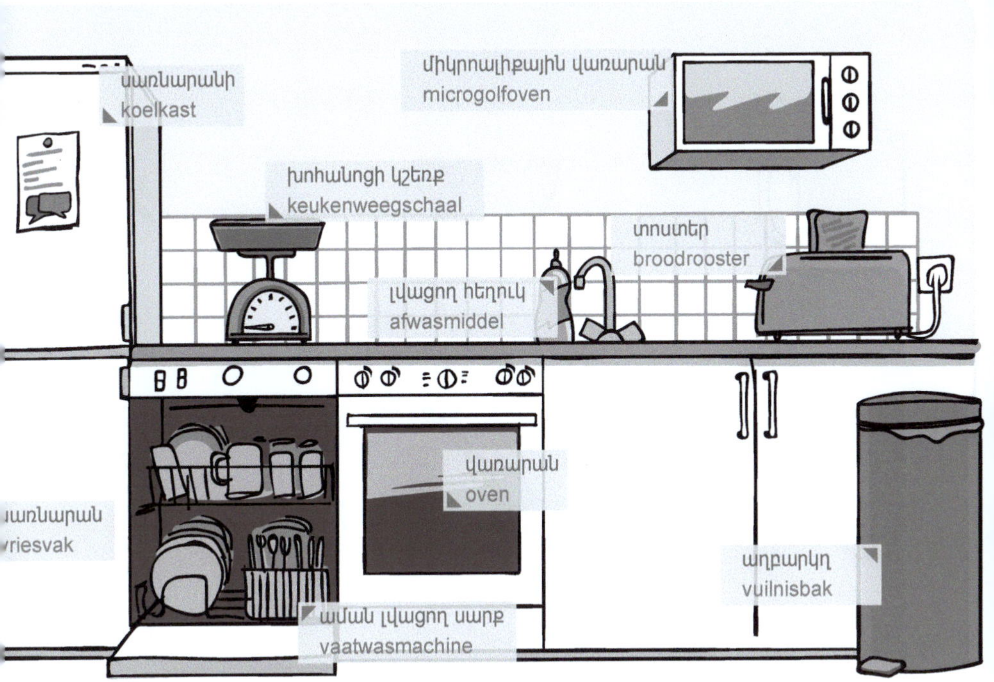

սառնարանի
koelkast
միկրոալիքային վառարան
microgolfoven
խոհանոցի կշեռք
keukenweegschaal
տոստեր
broodrooster
լվացող հեղուկ
afwasmiddel
վառարան
oven
առնարան
riesvak
աղբարկղ
vuilnisbak
աման լվացող սարք
vaatwasmachine

կաթսա

fornuis

կճուճ

pot

թուջե աման

gietijzeren pot

wok / kadai

wok / kadai

թավա

pan

թեյնիկ

waterkoker

խոհանոց - keuken 35

շոգենավ

....

stoomkoker

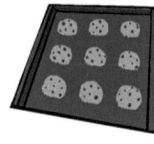

ջեռոցի սկուտեղ

....

bakplaat

ամանեղեն

....

servies

բաժակ

....

mok

խորը աման

....

kom

փայտիկներ

....

eetstokjes

շերեփ

....

pollepel

խոհանոցային բահիկ

....

spatel

հարել

....

garde

քամիչ

....

vergiet

մաղ

....

zeef

քերիչ

....

rasp

հավանգ

....

mortier

խորոված

....

barbecue

բաց կրակի

....

haardvuur

տախտակ	գրտնակ	խցանահան
snijplank	deegrol	kurkentrekker
բանկա	բացիչ	խոհանոցային բռնիչ
blik	blikopener	pannenlap
լվացարան	խոզանակ	սպունգ
gootsteen	borstel	spons
բլենդեր	սառնարան	մանկական շիշ
blender	vriezer	papfles
թակել		
kraan		

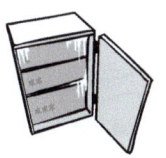

լողասենյակ

badkamer

ջեռուցում
verwarming
ցնցուղ
douche
սրբիչ
handdoek
լոգարանի վարագույր
douchegordijn
փրփուրով վաննա
bubbelbad
լոգարան
badkuip
ապակի
glas
լվացքի մեքենա
wasmachine
թակել
kraan
սալիկներ
tegels
մանր
kinderpo
լվացարան
gootsteen

զուգարան

toilet

կզելը զուգարան

hurktoilet

բիդե

bidet

pissoir

urinoir

զուգարանի թուղթ

toiletpapier

զուգարանի խոզանակ

toiletborstel

ատամի խոզանակ

tandenborstel

ատամի քսուք

tandpasta

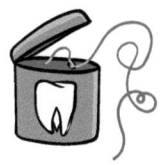

ատամի թել

flosdraad

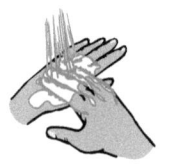

լվանալ

wassen

ձեռքի ցնցուղ

handdouche

ցնցուղ

bidethanddouche

ավազան

waskom

մեջքի խոզանակ

rugborstel

օճառ

zeep

լոգանքի գել

douchegel

շամպուն

shampoo

ճիլոպ

washandje

հատականցք

afvoer

կրեմ

crème

դեզոդորանտ

deodorant

հայելի
spiegel

ձեռքի հայելի
handspiegel

սափրիչ
scheermes

Սափրվելու փրփուր
scheerschuim

սափրվելուց հետո քսվող լոսյոն
aftershave

սանր
kam

խոզանակ
borstel

մազերի չորացուցիչ
haardroger

մազի լաք
haarlak

դիմահարդարում
make-up

շրթնաներկ
lippenstift

եղունգների լաք
nagellak

բամբակ
watten

եղունգների մկրատ
nagelknipper

օծանելիք
parfum

դիմահարդարման պայուսակ

toilettas

աթոռակ

kruk

կշեռք

weegschaal

լողանալու խալաթ

badjas

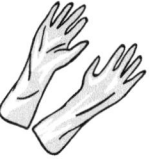

ռետինե ձեռնոցներ

latex handschoenen

տամպոն

tampon

անիտարական սրբիչ

maandverband

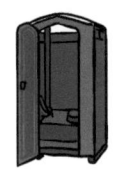

քիմիական զուգարան

chemisch toilet

մանկական սենյակ
kinderkamer

զարթուցիչ ժամացույց
wekker
փափուկ խաղալիք
knuffel
խաղալիք մեքենա
speelgoedauto
բլբլալ
rammelaar
տիկնիկների տնակ
poppenhuis
ներկա
geschenk

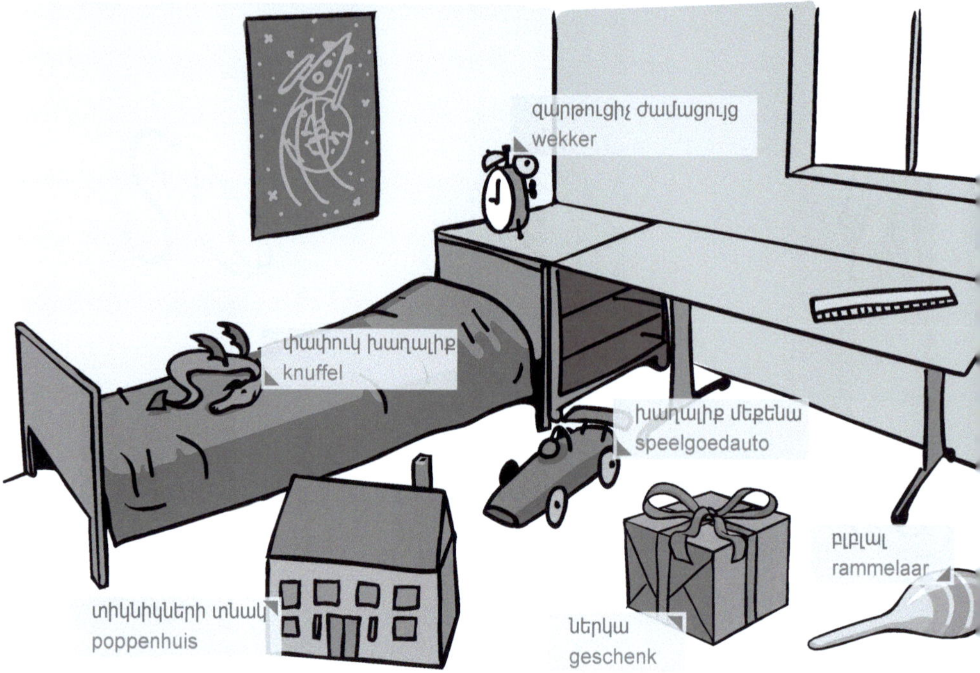

փուչիկ
ballon

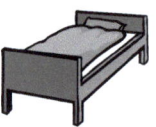

մահճակալ
bed

մանկական սայլակ
kinderwagen

խաղաթղթեր
spel kaarten

խճապատկեր
puzzel

կոմիքս
stripboek

Լեգո կուբիկներ
legoblokjes

կառուցողական
խաղալիքներ
blokken

ակցիան գործիչ
actiefiguur

մանկական բոդի
kruippakje

Frisbee
frisbee

շարժական
mobiel

խաղատախտակ
bordspel

զառախաղ
dobbelsteen

գնացքների կազմ
modelspoorweg

ծծակ
fopspeen

կուսակցություն
feest

մանկական
պատկերազարդ գիրք
prentenboek

գնդակ
bal

տիկնիկ
pop

խաղալ
spelen

ավազե խաղահրապարակի

zandbak

ռիթմ

schommel

Խաղալիքներ

speelgoed

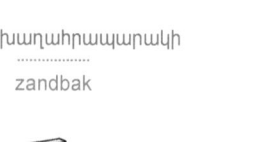

վիդեո խաղ մխիթարել

spelconsole

եռանիվ հեծանիվ

driewieler

խաղալիք արջուկ

knuffelbeer

պահարան

kleerkast

հագուստ

kleding

կիսագուլպա

sokken

գուլպա

kousen

զուգագուլպա

maillot

շարֆ
sjaal

հովանոց
paraplu

շապիկ
T-shirt

գոտի
riem

կոշիկ
laarzen

հողաթափեր
slippers

սպորտային կոշիկներ
sneakers

սանդալներ
sandalen

կոշիկ
schoenen

ռետինե կոշիկներ
rubberlaarzen

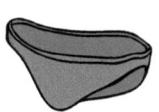

վարտիք
onderbroek

կրծկալ
beha

մայկա
onderhemd

մարմին

lichaam

անդրավարտիք

broek

ջինս

jeans

կիսաշրջազգեստ

rok

բլուզ

blouse

վերնաշապիկ

hemd

պուլովեր

trui

սպորտային կուրտկա

capuchontrui

պիջակ

blazer

կուրտկա

jas

վերարկու

jas

անձրևանոց

regenjas

կանացի կոստյում

kostuum

զգեստ

jurk

հարսանյաց զգեստ

trouwjurk

ղամարդու կոստյում

pak

գիշերանոց

nachthemd

պիժամա

pyjama

Սարի

sari

գլխաշորն

hoofddoek

չալմա

tulband

չադրա

boerka

արևելյան խալաթ

kaftan

հաստ վերարկու

abaya

կանացի լողազգեստ

badpak

տղամարդու լողազգեստ

zwembroek

շորտ

short

որտային համազգեստ

trainingspak

գոգնոց

schort

ձեռնոցներ

handschoenen

կոճակ

knoop

ակնոց

bril

ապարանջան

armband

վզնոց

ketting

մատանի

ring

ականջօղ

oorbel

գլխարկ

pet

կախիչ

kapstok

գլխարկ

hoed

փողկապ

das

շղթա

rits

սաղավարտ

helm

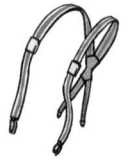

տաբատակալ

bretellen

դպրոցական համազգեստ

schooluniform

համազգեստ

uniform

մանկական գոգնոց

slabbetje

ծծակ

fopspeen

մանկական տակդիր

luier

գրասենյակ

kantoor

սերվեր
server
գրասենյակային պահարան
dossierkast
տպիչ
printer
մոնիտոր
monitor
թուղթ
papier
մկնիկ
muis
գրասեղան
bureau
թղթապանակ
map
ստեղնաշար
toestenbord
աթոռ
stoel
աղբարկղ
papiermand
համակարգիչ
computer

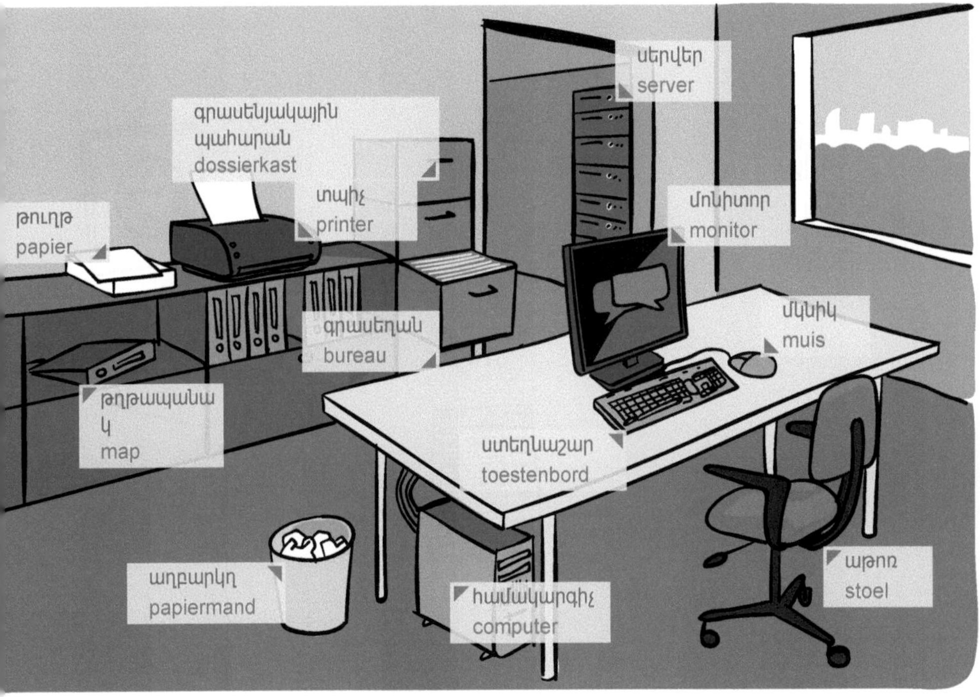

սուրճի գավաթ

koffiemok

հաշվիչ

rekenmachine

ինտերնետ

internet

laptop

laptop

նամակ

brief

հաղորդագրություն

bericht

բջջային հեռախոս

gsm

ցանց

netwerk

պատճենահանման սարք

kopieerapparaat

ծրագրային ապահովում

software

հեռախոս

telefoon

վարդակ

stopcontact

ֆաքսի մեքենա

fax

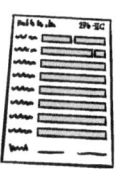

տեսակ

formulier

փաստաթուղթ

document

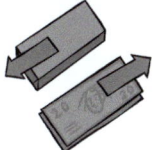

գնել

kopen

վճարել

betalen

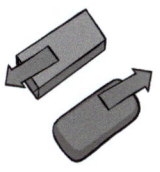

առեւտրի

handelen

փող

geld

դոլար

dollar

եվրո

euro

իեն

yen

ռուբլի

roebel

շվեյցարական ֆրանկ

Zwitserse frank

յուան

Chinese renminbi

ռուպի

roepie

բանկոմատ

geldautomaat

փոխանակման կետ

wisselkantoor

ոսկի

goud

արծաթ

zilver

նավթ

olie

էներգիա

energie

գին

prijs

պայմանագիր

contract

հարկ

belasting

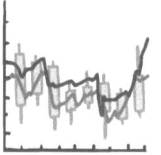

ակցիաներ

aandeel

աշխատանք

werken

ծառայող

werknemer

գործատուն

werkgever

գործարան

fabriek

խանութ

winkel

Մասնագիտություն

beroepen

ոստիկան
politieagent
հրշեջ
brandweerman
խոհարար
kok
բժիշկ
dokter
օդաչու
piloot

այգեպան

tuinman

ատաղձագործ

timmerman

դերձակուհի

naaister

դատավոր

rechter

քիմիկոս

chemicus

դերասան

acteur

ավտոբուսի վարորդ

buschauffeur

տաքսու վարորդ

taxichauffeur

ձկնորս

visser

հավաքարար

schoonmaakster

տանիքագործ

dakdekker

մատուցող

ober

որսորդ

jager

նկարիչ

schilder

հացթուխ

bakker

էլեկտրատեխնիկ

elektricien

շինարար

bouwvakker

ինժեներ

ingenieur

մսագործ

slager

ջրմուղագործ

loodgieter

փոստատար

postbode

զինվոր
soldaat

ճարտարապետ
architect

գանձապահ
kassier

ծաղկավաճառ
bloemist

վարսավիր
kapper

տոմսավաճառ
conducteur

մեխանիկ
mecanicien

կապիտան
kapitein

ատամնաբույժ
tandarts

գիտնական
wetenschapper

ռաբբի
rabbijn

իմամ
imam

կուսակրոն
monnik

հոգևորական
geestelijke

գործիքներ
werktuigen

տափակաբերան
աքցան
tang
մուրճ
hamer
պտուտակահան
schroevendraaier
լապտեր
zaklamp
դարձակ
schroefsleutel

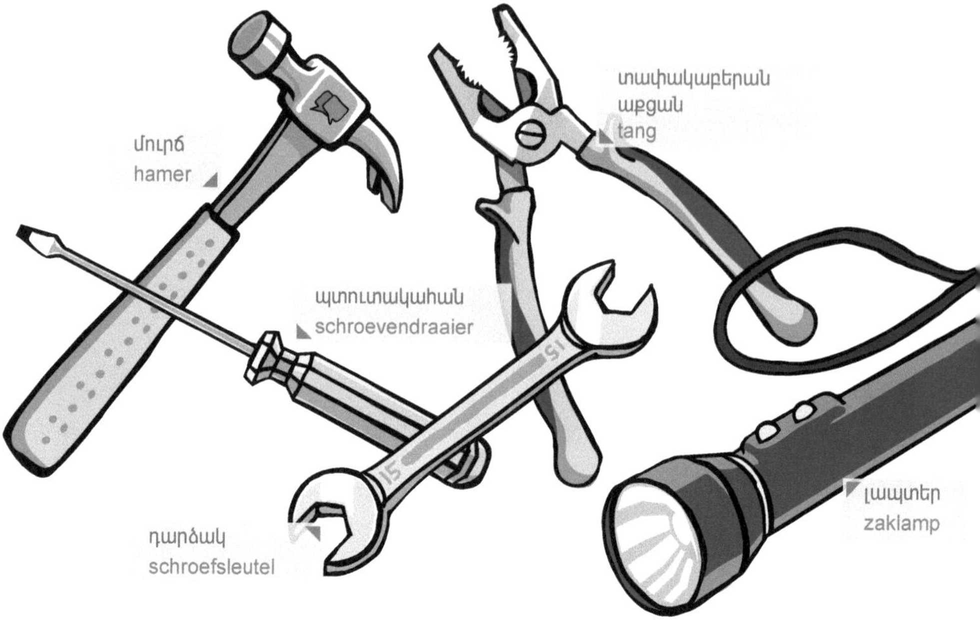

էքսկավատոր

graafmachine

գործիքների տուփ

gereedschapskoffer

սանդուղք

ladder

սղոց

zaag

մեխեր

spijkers

գայլիկոն

boormachine

նորոգում
....
repareren

բահ
....
schop

գրողը տանի
....
Verdomme!

գոգաթիակ
....
blik

ներկաման
....
verfpot

պտուտակներ
....
schroeven

Երաժշտական գործիքներ
muziekinstrumenten

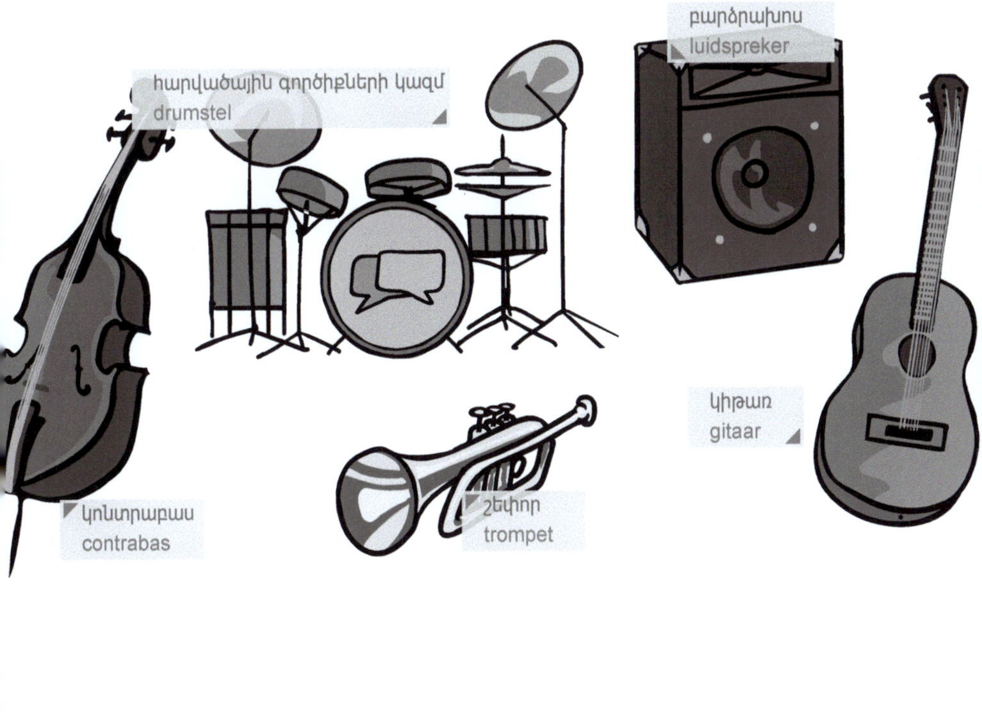

բարձրախոս
luidspreker

հարվածային գործիքների կազմ
drumstel

կիթառ
gitaar

կոնտրաբաս
contrabas

շեփոր
trompet

դաշնամուր
piano

ջութակ
viool

բաս
basgitaar

թմբուկներ
pauk

հարվածային գործիքներ
trommels

ստեղնաշար
keyboard

սաքսոֆոն
saxofoon

ֆլեյտա
fluit

միկրոֆոն
microfoon

կենդանաբանական այգի

ZOO

մուտք
ingang
վագր
tijger
վանդակ
kooi
զեբր
zebra
կենդանիների կերակուր
diereneten
պանդա
panda

կենդանիներ

dieren

փիղ

olifant

կենգուրու

kangoeroe

ռնգեղջյուր

neushoorn

գորիլա

gorilla

գորշ արջ

beer

ուղտ

kameel

ջայլամ

struisvogel

առյուծ

leeuw

կապիկ

aap

Ֆլամինգո

flamingo

թութակ

papegaai

բևեռային արջ

ijsbeer

պինգվին

pinguïn

շնաձուկ

haai

սիրամարգ

pauw

օձ

slang

կոկորդիլոս

krokodil

կենդանաբանական այգու
աշխատող

dierenverzorger

փոկ

zeehond

յագուար

jaguar

պոնի
pony

ընձառյուծ
luipaard

գետաձի
nijlpaard

ընձուղտ
giraffe

արծիվ
adelaar

վարազ
wild zwijn

ձուկ
vis

կրիա
zeeschildpad

ծովացուլ
walrus

աղվես
vos

վիթ
gazelle

սպորտներ
sporten

ամերիկյան ֆուտբոլ
rugby
հեծանվավազք
wielrennen
թենիս
tennis
բասկետբոլ
basketbal
լող
zwemmen
բռնցքամարտ
boksen
հոկեյ
ijshockey

ֆուտբոլ
voetbal

բադմինտոն
badminton

աթլետիկա
atletiek

ձեռքի գնդակ
handbal

դահուկային սպորտ
skiën

պոլո
polo

ծիծաղել
lachen
ատկել
pringen
գրկել
knuffelen
քայլել
wandelen
երգել
zingen
երազել
dromen
աղոթել
bidden
համբուրել
kussen

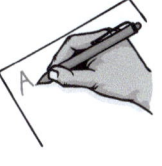

գրել

schrijven

նկարել

tekenen

ցույց տալ

tonen

հրել

duwen

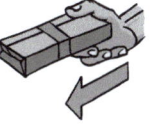

տալ

geven

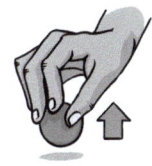

վերցնել

nemen

ունենալ

hebben

դեպի

doen

լինել

zijn

կանգնել

staan

վազել

lopen

քաշել

trekken

նետել

gooien

ընկնել

vallen

ստել

liggen

սպասել

wachten

կրել

dragen

նստել

zitten

հագնվել

aankleden

քնել

slapen

արթնանալ

ontwaken

նայել
....
kijken naar

լացել
....
wenen

շոյել
....
aaien

սանրվել
....
kammen

խոսել
....
praten

հասկանալ
....
begrijpen

հարցնել
....
vragen

լսել
....
luisteren

խմել
....
drinken

ուտել
....
eten

հարդարվել
....
opruimen

սիրել
....
houden van

խոհարար
....
koken

քշել
....
rijden

թռչել
....
vliegen

լողալ
zeilen

հաշվել
rekenen

կարդալ
Lezen

սովորել
leren

աշխատանք
werken

ամուսնանալ
trouwen

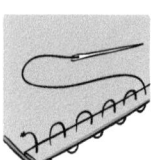

կարել
naaien

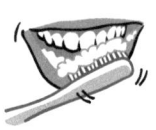

ատամները լվանալ
tandenpoetsen

սպանել
doden

ծուխ
roken

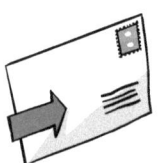

ուղարկել
sturen

տատիկ
ootmoeder

պապիկ
grootvader

հայր
vader

մայր
moeder

երեխա
baby

դուստր
dochter

որդի
zoon

հյուր
gast

հորաքույր
tante

հորեղբայր
oom

եղբայր
broer

քույր
zus

մարմին

lichaam

ճակատ
voorhoofd
աչք
oog
ուս
schouder
մատ
vinger
դեմք
gezicht
կզակ
kin
ձեռք
hand
ոտք
been
կուրծք
borst
թև
arm

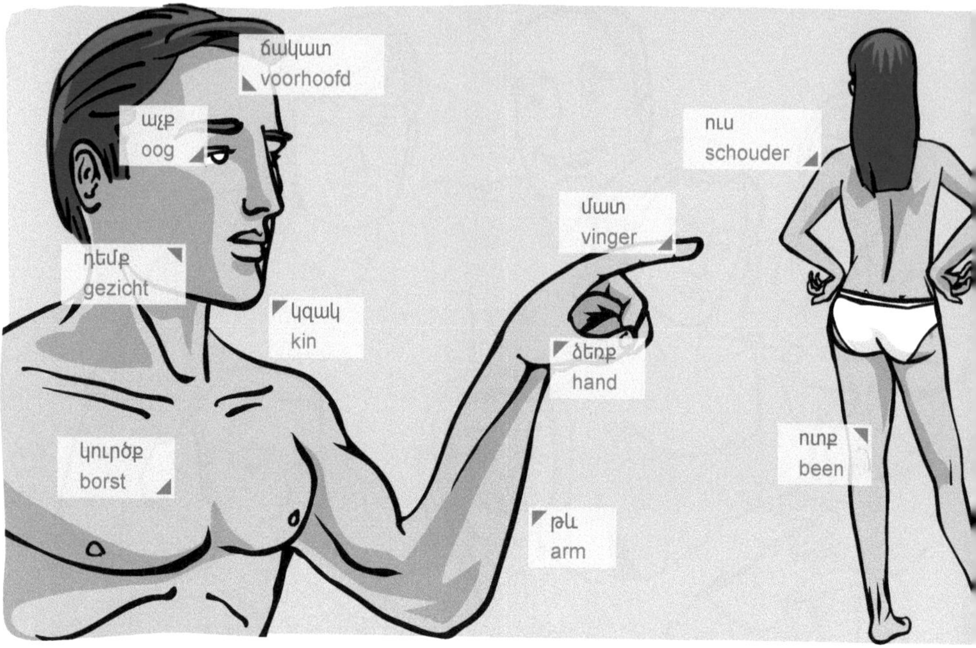

երեխա

baby

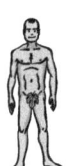

մարդ

man

կին

vrouw

աղջիկ

meisje

տղա

jongen

գլուխ

hoofd

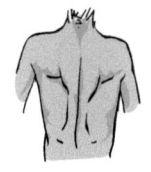

մեջք

rug

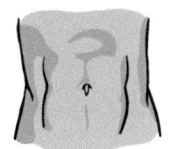

փոր

buik

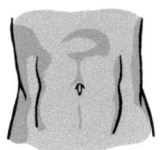

պորտ

navel

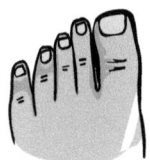

ոտնամատ

teen

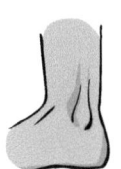

կրունկ

hiel

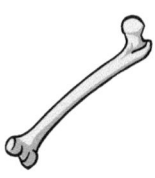

ոսկոր

bot

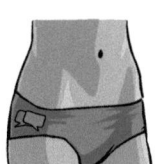

ազդր

heup

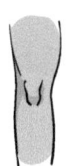

ծունկ

knie

արմունկ

elleboog

քիթ

neus

հետույք

zitvlak

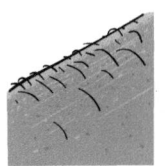

մաշկ

huid

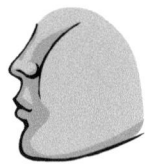

այտ

wang

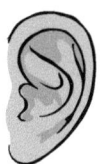

ականջ

oor

շրթունք

lip

բերան
mond

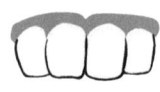

ատամ
tand

լեզու
tong

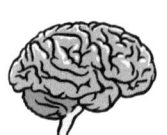

ուղեղ
hersenen

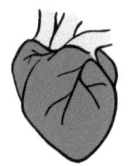

սիրտ
hart

մկան
spier

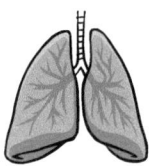

թոք
long

լյարդ
lever

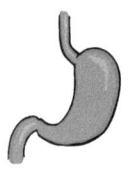

ստամոքս
maag

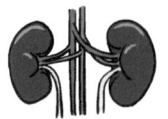

երիկամներ
nieren

սեքս
seks

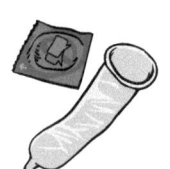

պահպանակներ
condoom

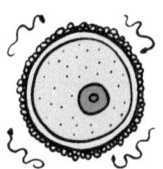

ձվաբջիջը
eicel

Սեմյոն
sperma

հղիություն
zwangerschap

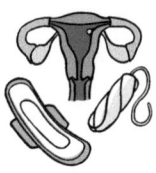

դաշտան

menstruatie

հեշտոց

vagina

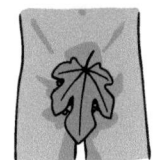

առնանդամ

penis

հոնք

wenkbrauw

մազ

haar

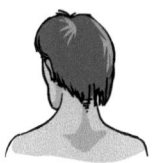

պարանոց

nek

հիվանդանոց
ziekenhuis

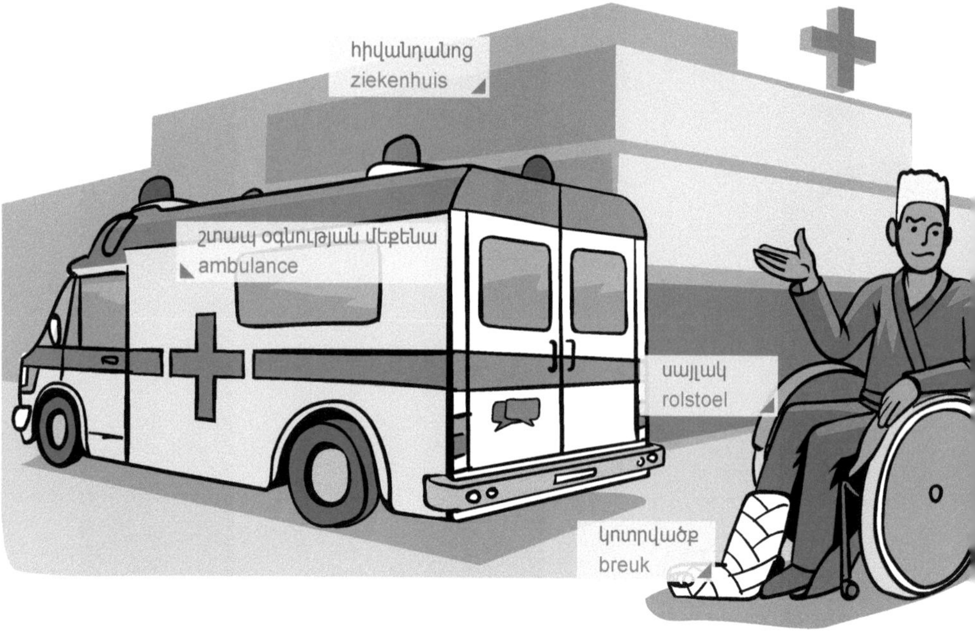

հիվանդանոց
ziekenhuis
շտապ օգնության մեքենա
ambulance
սայլակ
rolstoel
կոտրվածք
breuk

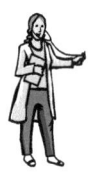

բժիշկ

dokter

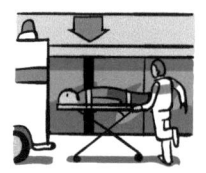

շտապ օգնության սենյակ

spoed

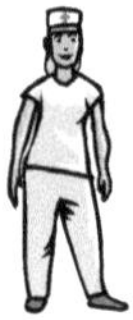

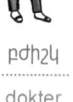

բուժքույր

verpleegkundige

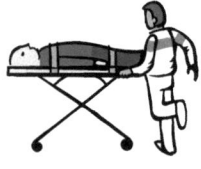

շտապ օգնություն

noodgeval

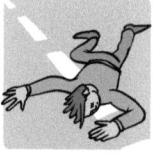

անգիտակից

bewusteloos

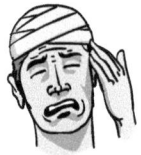

ցավ

pijn

վնասվածք
....
verwonding

արյունահոսություն
....
bloeding

սրտի կաթված
....
hartaanval

կաթված
....
beroerte

ալերգիա
....
allergie

հազ
....
hoest

տենդ
....
koorts

գրիպ
....
griep

փորլուծություն
....
diarree

գլխացավ
....
hoofdpijn

քաղցկեղ
....
kanker

դիաբետ
....
diabetes

վիրաբույժ
....
chirurg

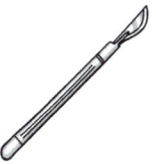

վիրադանակ
....
scalpel

վիրահատություն
....
operatie

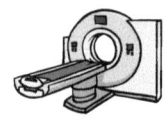

CT

CT

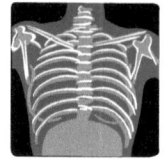

ռենտգեն

röntgenstraal

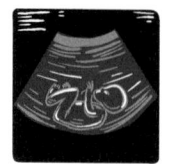

ուլտրաձայնային

ultrageluid

դեմքի դիմակ

gezichtsmasker

հիվանդություն

ziekte

սպասասրահ

wachtkamer

հենակ

kruk

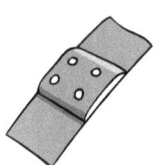

սպեղանի

pleister

վիրակապ

verband

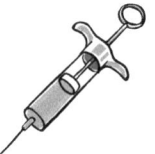

ներարկում

injectie

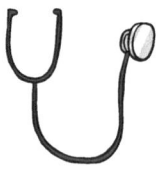

լսափողակ

stethoscoop

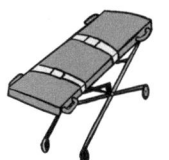

պատգարակ

brancard

ջերմաչափ

thermometer

ծնունդ

geboorte

ավելաքաշ

overgewicht

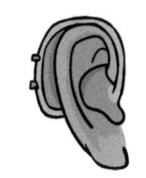

լսելով օգնության
hoorapparaat

ախտահանիչ
ontsmettingsmiddel

վարակ
infectie

վիրուս
virus

ՄԻԱՎ / ՁԻԱՀ
HIV / AIDS

դեղորայք
medicijn

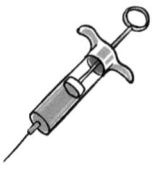

պատվաստում
vaccinatie

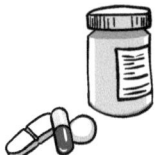

հաբեր
tabletten

հաբ
pil

ահազանգ
noodoproep

արյան ճնշման չափիչ սարք
bloeddrukmeter

հիվանդ / առողջ
ziek / gezond

Շտապ օգնություն

noodgeval

Օգնություն!

Help!

տագնապի ազդանշան

alarm

հարձակում

overval

հարձակում

aanval

վտանգ

gevaar

վթարային ելք

nooduitgang

Հրդեհ

Brand!

կրակմարիչ

brandblusser

վթար

ongeval

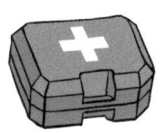

առաջին օգնության դեղարկղ

EHBO-kit

SOS

SOS

ոստիկանություն

politie

Երկիր
aarde

Եվրոպա

Europa

Հյուսիսային Ամերիկա

Noord-Amerika

Հարավային Ամերիկա

Zuid-Amerika

Աֆրիկա

Afrika

Ասիա

Azië

Ավստրալիա

Australië

ոլանտյան օվկիանոս

Atlantische Oceaan

Խաղաղ օվկիանոս

Stille Oceaan

Հնդկական օվկիանոս

Indische Oceaan

րավային Սառուցյալ օվկիանոս

ntarctische Oceaan

Հյուսիսային Սառուցյալ օվկիանոս

Arctische Oceaan

հյուսիսային բևեռ

Noordpool

հարավային բևեռ
Zuidpool

Անտարկտիդա
Antarctica

երկիր
aarde

ցամաք
land

ծով
zee

կղզի
eiland

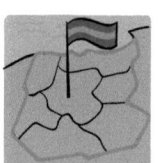

ազգ
natie

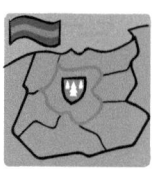

պետական
staat

ժամացույց
klok

թվատախտակ

wijzerplaat

ժամի սլաք

uurwijzer

րոպեի սլաք

minuutwijzer

վայրկյանի սլաք

secondewijzer

Ժամը քանիսն է?

Hoe laat is het?

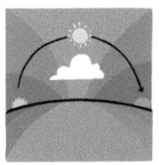

օր

dag

այսպիսով

tijd

այժմ

nu

թվային ժամացույց

digitale horloge

րոպե

minuut

ժամ

uur

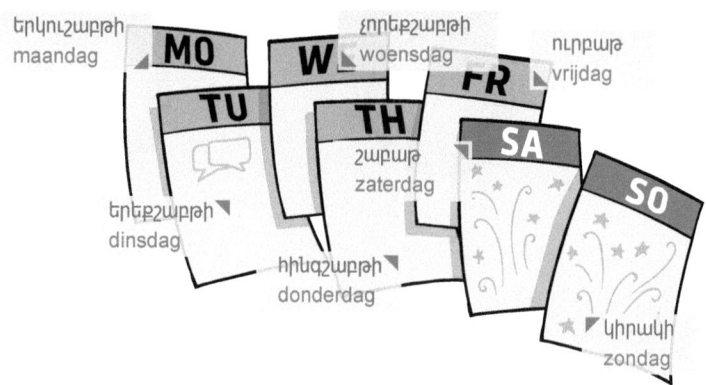

երկուշաբթի
maandag

չորեքշաբթի
woensdag

ուրբաթ
vrijdag

շաբաթ
zaterdag

երեքշաբթի
dinsdag

հինգշաբթի
donderdag

կիրակի
zondag

այսօր
....
gisteren

այսօր
....
vandaag

վաղը
....
morgen

առավոտ
....
ochtend

կեսօր
....
middag

երեկո
....
avond

MO TU WE TH FR SA SU

աշխատանքային օրեր
....
werkdagen

MO TU WE TH FR SA SU

շաբաթվա վերջ
....
weekend

ծիածան
regenboog
անձրև
regen
ձյուն
sneeuw
քամի
wind
գարուն
lente
աշուն
herfst
ամառ
zomer
ձմեռ
winter

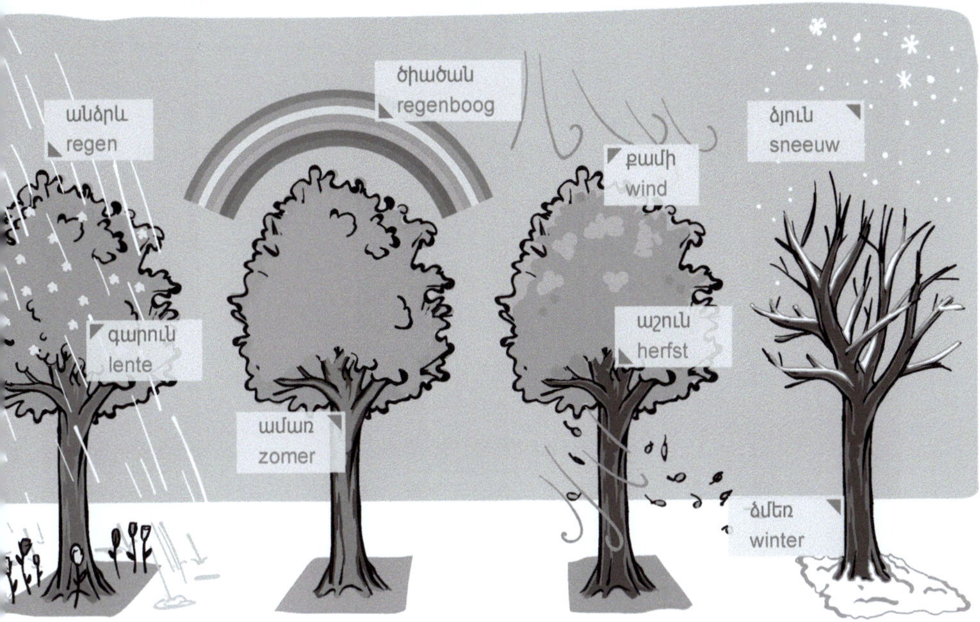

4.APRIL 11°
5.APRIL 4°
6.APRIL 13°
7.APRIL 8°
8.APRIL 10°

ղանակի տեսություն

weervoorspelling

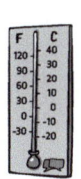

ջերմաչափ

thermometer

արեւի լույս

zonneschijn

ամպ

wolk

մառախուղ

mist

խոնավություն

vochtigheid

կայծակ

bliksem

որոտ

donder

փոթորիկ

storm

կարկուտ

hagel

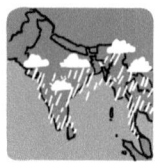

մուսոն

moesson

ջրհեղեղ

overstroming

սառույց

ijs

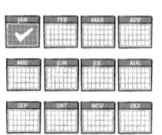

հունվար

januari

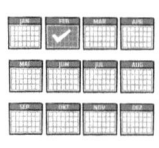

փետրվար

februari

մարտ

maart

ապրիլ

april

մայիս

mei

հունիս

juni

հուլիս

juli

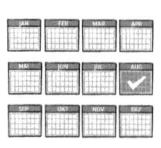

օգոստոս

augustus

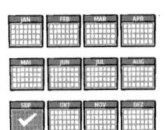

սեպտեմբեր
....
september

հոկտեմբեր
....
oktober

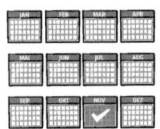

նոյեմբեր
....
november

դեկտեմբեր
....
december

ձևավորում

vormen

շրջան
....
cirkel

քառակուսի
....
kwadraat

ուղղանկյունի
....
rechthoek

եռանկյունի
....
driehoek

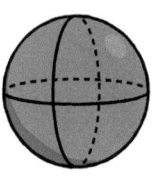

ասպարեզ
....
bol

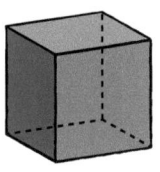

խորանարդ
....
kubus

kleuren

վարդագույն
....
wit

մոխրագույն
....
geel

դեղին
....
oranje

մանուշակագույն
....
roze

կարմիր
....
rood

շագանակագույն
....
paars

կապույտ
....
blauw

սև
....
groen

նարնջագույն
....
bruin

սպիտակ
....
grijs

կանաչ
....
zwart

շատ / քիչ

veel / weinig

բարկացած / հանգիստ

boos / kalm

գեղեցիկ / տգեղ

mooi / lelijk

սկսած / վերջը

begin / einde

մեծ / փոքր

groot / klein

պայծառ / մութ

licht / donker

եղբայրը / քույրը

broer / zus

մաքուր / կեղտոտ

proper / vuil

ամբողջական / թերի

volledig / onvolledig

օր / գիշեր

dag / nacht

մեռած / կենդանի

dood / levend

լայն / նեղ

breed / smal

ուտելի / անուտելի

eetbaar / oneetbaar

չար / բարի

kwaadaardig / vriendelijk

հուզված / ձանձրացրել

opgewonden / verveeld

հաստ / բարակ

dik / dun

առաջին / վերջին

eerst / laatst

ընկերը / թշնամին

vriend / vijand

լիքը / դատարկ

vol / leeg

կոշտ / փափուկ

hard / zacht

ծանր / թեթև

zwaar / licht

քաղց / ծարավ

honger / dorst

հիվանդ / առողջ

ziek / gezond

անօրինական է / իրավաբանական

illegaal / legaal

խելացի / հիմարություն

intelligent / dom

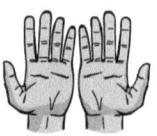

ձախ / աջ

links / rechts

մոտիկ / հեռու

dichtbij / veraf

որ / օգտագործվում
....
nieuw / gebruikt

ոչինչ / ինչ - որ բան
....
niets / iets

ծեր / երիտասարդ
....
oud / jong

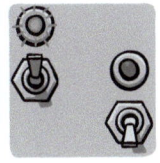

իացում անջատում
....
aan / uit

բաց / փակ
....
open / dicht

ցածր / բարձր
....
stil / luid

հարուստ / աղքատ
....
rijk / arm

ճիշտ / սխալ
....
juist / fout

անհարթ / հարթ
....
ruw / glad

տխուր / ուրախ
....
droevig / blij

կարճ / երկար
....
kort / lang

դանդաղ / արագ
....
traag / snel

թաց / չոր
....
nat / droog

տաք / թույն
....
warm / koud

պատերազմ / խաղաղությունը
oorlog / vrede

թվեր
cijfers

0

զրո

nul

1

մեկ

één

2

երկու

twee

3

երեք

drie

4

չորս

vier

5

հինգ

vijf

6

վեց

zes

7

յոթ

zeven

8

ութ

acht

9

ինը

negen

10

տաս

tien

11

տասնմեկ

elf

12
տասներկու
twaalf

13
տասներեք
dertien

14
տասնչորս
veertien

15
տասնհինգ
vijftien

16
տասնվեց
zestien

17
տասնյոթ
zeventien

18
տասնութ
achtien

19
տասնինը
negentien

20
քսան
twintig

100
հարյուր
honderd

1.000
հազար
duizend

1.000.000
միլիոն
miljoen

Talen

անգլերեն

Engels

ամերիկյան անգլերեն

Amerikaans Engels

չինարեն մանդարին

Chinees (Mandarijn)

հինդի

Hindi

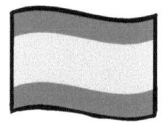

իսպաներեն

Spaans

ֆրանսերեն

Frans

արաբերեն

Arabisch

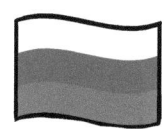

ռուսերեն

Russisch

պորտուգալերեն

Portugees

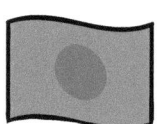

բենգալերեն

Bengali

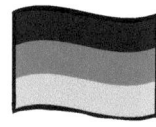

գերմաներեն

Duits

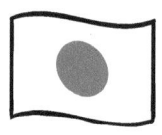

ճապոներեն

Japans

Ով է /, թե ինչ է /, ինչպես

wie / wat / hoe

ես

ik

դուք

u

Նա / նա /, որ դա

hij / zij / het

մենք

wij

դուք

u

նրանք

ze

Ով է?

wie?

ինչ?

wat?

ինչպես?

hoe?

որտեղ.

waar?

երբ?

wanneer?

անուն

naam

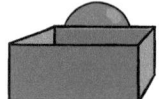

որտեղ
waar

ետևում

achter

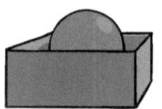

մեջ

in

դիմաց

voor

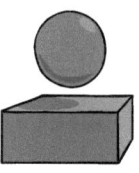

վրա

boven

վրա

op

տակ

onder

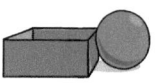

կողքին

naast

միջեւ

tussen

տեղ

plaats